밝은 마음
밝은 세상

밝은 마음 밝은 세상

김갑성 시집

月刊文學 출판부

| 시인의 말 |

석양녘 노을빛 아름다워
황혼의 흔적 담은
한 편 두 편 모아 시집을 엮었다

늦깎이의 정서 떨리는 가슴으로
한 발짝 두 발짝 다가가는 설렘같다
한움큼 한움큼 헤집은
삶의 바닥에서 걸러낸
한 톨 한 톨이
가까스로 허기를 채워준다

고뇌에 찬 시적 진실 추구가
조그만 울림으로 다가가면
더할 나위 없겠다

평소 시창작을 지도해주신

이경 교수님께 머리 숙여

깊이 감사드리고

채찍과 격려를 아끼지 않으신

이성교 명예교수님께 존경을 표합니다

2021년 봄
삼성동에서 김갑성

차례

시인의 말　004

1

고향친구　012
봄기운　013
옛시장 어디 갔나　014
어머니　016
봄의 길목 양재천　018
어느 결혼식장의 풍경　019
6·25 어린 피난 시절　020
옛 고향집　022
어머니 안부　023
동치미　024
수료　025
봄 깨는 에코랜드　026
모교 방문　028
님의 눈빛 스케치　030
복덩이 수박　031
풍어　032
내 식구 분재　034

2

개미역사　036
활동(일)　037
행복은 마음먹기　038
한강 들물　039
구름과 바다　040
꿈　041
일요일　042
반짝이는 별　043
코로나19의 재앙　044
덧없는 사랑　046
호경암의 탄혼　047
우리 쌍둥이　048
철새들의 군무　049
그랜드 캐니언　050
수석　052
빨간 장미꽃　053
기우　054
라스베어거스의 밤　056

3

역사를 찾아서 058
동반자 060
임진강은 흐르는데 061
인생길 062
상실 065
못 지킨 약속 066
소나무 068
화진포 회상 070
하얀 밥티꽃 071
다시 또 072
기쁨 먹고 자란 나무 073
눈물은 새살로 지워요 074
아차산 전망대 075
나폴리 카프리섬 076
장미꽃 연정 077
철길은 녹슬고 078
세월은 약 080

4

양재천 봄길　082
연둣빛 새싹　083
금낭화　084
아차─용마산의 봄　085
민들레　086
이름 모를 들꽃　087
백목련　088
능소화　089
달　090
내 곁을 떠난 사람　092
그리운 사람아　093
어느 파문　094
가을걷이　096
가을 단풍의 설움　097
낙엽이 갈 길　098
하늘길　099
천섬　100

5

나의 산행　104
백담계곡의 정취　106
피아골 단풍　107
국화　108
계절속에 사람과 숲　110
덧없는 인생　111
가을 도봉산의 단상　112
우연한 만남　113
그 끝을 넘어　114
만날 수 있다면　116
또 한 생이　117
낙엽　118
나목　119
센트럴파크　120
나이아가라폭포　122
첫눈　123
설중매　124
회심의 환한 미소　125

| 작품해설 |

뛰어난 표현 기법 밝은 시세계 보여·**李姓教**　127

1

고향친구

어릴 적 잔뼈 굵은
저 남쪽 하늘 아래 오수천

물장구치며 고기 잡고 뛰놀던
깨복쟁이 친구
고향생각 그리울 땐 문득 떠오른다

고향 떠난 지 반백년
서릿발 흩날리는 황혼 녘
외롭기 그지없다

무심한 친구여
어디서 뭘 하며 지내느냐
애타도록 보고 싶다

세상은 넓고도 좁은 데
가뭇없는 친구여
이 간절함 닿아
꿈속에라도 만나리까
헤매는 발길 고향 문턱 어른거린다

봄기운

겨우내 얼어붙은 땅
촉촉이 젖은 숨소리에
눈두덩 스르르 녹는다

볼 스치는 바람결 보드랍고
뒷집 비둘기 구애짓 부쩍 는다

은은한 향 머금은 매화
꽃망울 터뜨리고
움츠린 소나무
해쓱힌 주목 잎파리
화색(和色)이 돈다

벌거벗은 당단풍
가지 끝 꿈 매다니
설레는 가슴 그리움 일렁이다

옛 시장 어디 갔나

천황봉 우뚝 솟은 기상
합수머리 오수천 비옥한 땅
황금물결 일렁이는 들녘

팔개 면 아우르는 저자 중심에
높다란 빨간 굴뚝 공장
누에고치 실켜기 고장
두툼한 월급, 살림 밑천이요
지역경제 훈기 북돋는다

인파 가득 메운 오수장날
장바닥 시끌벅적한 풍경
선술집 막걸리 한 사발 걸치면
떠들썩 세상사 흥이 난다

생선 꾸러미, 고기 과일 보따리 메고
이삼십 리 길은 보통
활기찬 그 장터 어디 갔나

산업화, 아이티시대의 아이러니
유령이 나타날 듯한 허접스런 잔상

물 아래 덤바위 멱 감고 천렵하던
깨복쟁이들 다 어디 갔느냐
바위 정각 올라 옛 추억 떠올리며
홀로 시름에 젖는다

어머니

마음의 고향
머언 기적소리 사라지는
잔상 머릿속 맴돈다

기다림과 체념이 몸에 밴
안타까운 세월
모시지 못한 응어리 한이 서린다

컴컴한 새벽 부뚜막에
정화수 떠놓고
매일 공들이시고
낮엔 밭에 나가 고추, 깨 심고
적삼 흥건히 젖도록
몸 부서 지심매신 어머니

무릎이 닳도록
일에 묻혀 사신 한평생
호강 제대로 못 누리신
어머니 안쓰럽지만

백세를 넘기시니 장하시다

풋풋한 윤기 다 마르고
골패인 주름 앙상한 뼈마디 보면
가슴 미어지지만
꼬옥 쥔 손 마디마디 흐르는 모정
영원한 사랑의 향수여

봄의 길목 양재천

으스스 한기마저 드는
양재천 개울가
버들강아지 살래살래 꼬리 흔든다

아침녘 청둥오리 한 쌍
한적한 모래톱에 남긴 밀월의 흔적…
북녘 날 아랑곳없이
세월 잊은 듯 물살 가른다

고고(孤高)한 백로
가슴의 파문
목을 빼고 후들쩍 자릴 뜬다

따스한 햇볕 함초롬히 머금고
고개 쳐드는 땅거죽의 숨소리…

둔덕에 금발머리 버들
실바람 하늘하늘 봄 그린다

어느 결혼식장의 풍경

축하의 삼삼오오 환한 모습
먼 길 꾸역꾸역
마주 잡는 손길 정겹다

살갑던 친구 하나
그 흔한 통화, 글 한 쪽 없이
무심히 녹슬어버린…
알량한 자존심 때문도 아닌데
거미줄 칭칭 쳐진
잡초 무성한 숲길 되었구나

쌓인 회포 풀기에는
너무도 어색한 짧은 한 모금 축임

갈 길 바쁜 기약 없는 나그네
헛산 자괴감
시린 가슴 회한이 밀려온다

6·25 어린 피난 시절

인민군 쳐들어온다는 소식에
부랴부랴 피난길, 다섯 살배기 밤의 행군,
산 넘고 재 넘어 산지기 집

애송이 어른들 화급에 겁먹었네
비행기 뜨면 방공호에 숨고,
어느 날 별안간 닥친 폭격기 출몰
피아 분별없는 폭격, 공포에 떨었다

산마루서 멀리 삶의 터전 정미소
불길에 휩싸일 듯 연기 모락모락
가슴 졸이던 어머님
살림살이 건져보려는 한달음,
축지법을 쓰셨을까
이웃 장정 덕에 간신히 꺼낸 혼수 장롱,
화염은 삶터를 삼키고
마음 까맣게 태운 앙상한 폐허

피비린내 나는 전쟁,

잿더미에 눈물 고인 자죽,
가슴 저미는 원수들 어찌 잊으랴

옛 고향집

부엌 한 쪽 방 호롱불 키고
책장 넘기던 유년시절,
정미소 한 지붕 아래 조그만 꿈
싹트던 집
여름 밤 매캐한 모깃불 피워놓고
가족들 평상에 누워 도란도란 얘기 나누며
북두칠성 찾아 스르르 잠들던 마당
원동산 고목 깊은 밤 소쩍새 슬피 울면
가슴 시려 뜬눈 지새던 시절 떠오른다
어머님 손때 묻은 시렁이며, 장독대,
뜨뜻한 아랫목, 냉골 윗목의 장롱,
선잠 깨시어 꼭두새벽 정한수 떠놓고
조왕신께 빌던 부뚜막,
아들 새벽잠 깨워 머얼리 기적소리
통학열차 놓칠세라 도시락 챙겨주시던 어머님,
정든 집 떠나시는 심정 얼마나 착잡했을까…
흔적 없이 사라진 낯선 모습
애틋한 향수 목메어 가슴 저민다

어머니 안부

인생의 험난한 비탈길 산마루
강 건너 아득히 머언 산 바라보신다

어깨에 무거운 짐 다 내려놓고
가셔야 할 머얼고 외로운 길
어머니 어떻게 가시렵니까

백세를 훌쩍 넘긴 나이
자녀들 먼저 품던 그 낭랑한 목소리
점점 사그라지고
가물가물 이름마저 지우시는 듯
말문을 잊은 채 흐르는 침묵
모정의 눈물이리라

먹먹한 가슴 흐느끼는 불효
그 높고 깊은 은혜 어찌 갚으리까
부디 꺼지지 않는 등불로
가슴속에 오래오래 길 밝혀주소서

동치미

동지섣달 긴 밤
군것질 생각날 때
마당에 묻은 독에서 꺼낸 동치미

댓잎 배 우러난 송송 썰은
배추 무 아삭아삭 새콤한 맛,
톡 쏘는 시원한 국물은
겨울밤의 일미 어머니 맛!

화롯가에 가족들 둘러 앉아
도란도란 애기 나누며 밤참 즐기던
오붓한 시절 떠오른다

어머님이 빚은 질구(質舊)한 맛
이제 어디서 찾으리까
머어언 향수 가슴에 묻는다

수료

스승의 가르침
격려와 채찍 달게 받고
되새기던 나날

배움의 문턱 나서는
기쁨보다 두려움 앞서는
시창작의 길

고독의 싸움
반짝이는 사금 한 톨 찾아
무수히 파헤치는 모래

고뇌의 알갱이마다
피를 섞는 탁마와 조탁
외로운 길 아득하네

봄 깨는 에코랜드

따스한 햇살 사뿐히 내려앉아
촉촉한 땅
바람결 겨드랑이 파고든다
유채꽃밭 파묻힌 젊은 커플
부푼 꿈 하늘 날다
이랑 고르는 농부들 분주하고
나물 캐는 아낙네
치맛자락 살랑이다
돌담 넘어 누우런 감귤
철의 신발 거꾸로 신고
곶자왈* 벌거벗은 수목
한설 뚫고 부시시 기지개 켠다
맑은 호반 잔잔한 물결
새봄 예찬하는 물새들 노래
생기 돋는다
인기척에 쫑긋 놀랜 백사슴
에코랜드* 배시시한 숨결에
마음마저 설레는데
어디선가 열차 기적소리

불현듯 떠오르는 옛 추억
속절없는 사랑이여

* 곶자왈 : 곶은 숲을, 자왈은 나무와 덩굴 제주의 합성어(원시림).
* 에코랜드 : 제주시 조촌읍에 소재한 테마파크형 자연휴양림.

모교 방문

초교 시절 그리워
졸업 육갑기념 모교를 방문했다

널따랗게 새겨진
어린 가슴 맘껏 뛰놀던
소롯한 운동장 곱게 단장했고
옛교사 스러진 낯선 건물 섰다

톱밥 난로에 도시락 층층이
데워 먹던 옛학동들 어디서
뭘 하는지 그립구나

뒷편 넓은 연못 토실한 잉어떼
옛추억 떠올리는 듯 빵긋빵긋

수목화단 늘어진 가지마다
버거운 옹이 숨소리
활기 넘쳐야 할 교정
썰렁한 트랙 수줍은 듯 얼굴 붉힌다

현관 앞 풍설 헤친 소나무
역사 껴안고 면면하구나

님의 눈빛 스케치

잔잔한 호숫가의 맑은 눈빛이어라

스케치북 꺼내들고
님과 한적한 호숫길
아침 햇살이 토닥여 주는
상쾌한 바람결 가르며
행복에 젖은
그림을 그려보고 싶다

영롱한 별빛 쏟아지는
호젓한 숲길 함께 거닐며
초롱초롱 빛나는 눈빛 반해
두근거리는 가슴 포근히 안아줄
그림을 그려보고 싶다

보고 또 보아도
또 보고 싶은, 마음까지 고아
정녕 사랑을 떨리는 마음으로 새긴
그림을 이제 그려간다

복덩이 수박

옥상 화분에 흙덩이 쳐들고
고개 내민 새싹
물 거름 줘 보살피니
듬쑥 자라 넝쿨 뻗고
노란 솜털 애동이 품는다

하루가 멀다 쑥쑥 자란
우람한 모습
외막대기 타고 대롱대롱
우주의 신비 품은 원구체
뉴턴을 깨운다

햇살 듬뿍 담고
밤새워 별빛 녹여
뽀얀 분 바르고 나선
산사의 목탁소리

풍어

살랑대는 새벽바람
망망대해 검푸른 파도 헤쳐
진종일 고기떼 찾아 헤맨다

음파 모니터링
감 잡아 몰고 드리운 그물망
가득 채울 꿈 좁혀온다

어영차~ 어영차
어영차~ 어영차

갑판에 펄떡펄떡 뛰는 숨가쁨
흠뻑 젖은 땀 속엔
뿌듯함이 묻어난다

어둠 삼킨 수평선
별빛마저 졸리는
희미한 불빛 찾아 귀향길
가족 품이 그립다

모슬포항 새벽잠 깨우는
뱃고동 울리고
묵직한 뜰채
살 오른 기름진 방어 군침이 돈다

제철 만난 어판장
감쪽같은 경매 손짓
'마파람 게 눈 감추듯' 장은 끝나다

해야 어서 솟아라
갈매기야 날아라

내 식구 분재

어느 시골 장터 애처로운 모습
가엾어 내 품에 안겼지
단풍나무 이름표 달고
양지바른 삶터
잘 보살피니 튼실히 자란다
햇볕에 바람까지 살랑살랑 불면
흥얼댄다
어떤 밤엔 이슬 덮고 달님 별님과
가물가물 고향 얘기로
그리움에 눈물 글썽인다
이따금 둥근 달님 포근히 에워싸니
행복도 했지
삶이 어려울 땐 전전하며
고락도 함께 나누고
늦가을 붉은 옷자락에
활짝 미소 질 때 예쁨도 독차지했지
모진 풍파 헤쳐
그루턱에 새긴 질곡의 삶
분신의 피가 흐른다

2

개미역사(役事)

산속에 밥 알갱이
일개미 떼 시골 장날
왁자지껄 큰 상 받아들고
콧노래 대신 역사만 있다

몸집보다 큰 상
물고 가는 힘
어디서 샘솟나

일감 척척
이리 기우뚱 저리 기우뚱
울력에 허리마저 휜다

꺼진 배 허기마저 잊고
애오라지 더불어 사는 정신
백배 천배 일군
군단의 역사를 보라

활동(일)

팔다리 성해 거동하며
세상사 활짝 눈 뜨고
옳고 그름 헤아려
감성이 숨 쉬는 사색의 길 걷는다

틈틈이 책장 넘기고 시 창작을…
가까운 마음끼리 정 나누고
만나고 싶은 사람끼리 소통하고
집안의 버팀목이련다

어느 공원 노인들
어찌 사연 측은함뿐일까
가슴 여미며 너는 성찰하는가

즐거운 맘으로 일과 봉사,
피가 엉기면 목숨 부지 어렵듯
날 이끄는 힘 뜻 있는 활동이다

행복은 마음먹기

나락 누릿누릿 물결치는 들녘
농부의 한 해 꿈이
익어가는 가슴 저마다
풍년을 비는 한결같은 마음

피와 땀범벅이 된 구릿빛 얼굴
결실의 뿌듯함을 안고
기쁨 헹가래치는 가을 들판
한시름 놓는 넉넉함이 묻어난다

저무는 석양녘
연기 자욱한 농촌 풍경
밥 짓는 솥뚜껑마다 김이 모락모락
가족들 둘러앉아 도란도란 얘기 나누며
한술 뜨는 다정한 모습
고달픈 주름살 보얗게 지워진다

한강 들물

잔잔한 물결
소리 없는 저항
평온 흐트러진다

불어난 흙탕물
떠밀리는 본류 턱밑 차올라
짭짜름한 갯내
강물 절인다

팔뚝만 한 숭어 떼들
힘찬 도약 흥겨운 춤사위
그물 치는 뱃사공
분주한 손놀림 꿈 익을 때

어둑어둑 그믐달
거친 숨소리…

구름과 바다

한줌 뜬구름 몽실 장미꽃
사자갈기 피어나고
새털구름 밭뙈기에
꿈을 심고 가꿔 열매 맺는다

목마를 때 비 뿌려
산과 들 촉촉이 생기 돋우고
혼탁한 세상 순백으로 물들인다

어수선하면 천둥 번개로 경치고
날벼락 천벌 내린다

시커먼 태풍 먹구름 몰고 와
쏟아 붓는 물벼락 아수라장 만들고
태연히 사라진다

자연은 양날의 칼
흙탕물 넘실거려도 쪽빛 물들이는
깊고 넓은 어머니의 품

흘린 땀 구름떼 몰고 가며 세상 일깨운다

꿈

동경(憧憬)에서 가시로
바구니에 별을 담는 심정

이루고 싶은 열망
정성 다 바쳐 지핀 불

은은한 불덩이로 달궈질 때
갈고 닦은 무수한 담금질

비바람 높은 파고 헤쳐
일궈낸 푸른 생명
가슴 속에 뿌리 내릴 둥근 달

일요일

아침부터 부산하다
개신교 천주교 불교

독실한 믿음
나서는 발걸음 가볍고 힘차다

성경 펴고 찬송하며 진리를…
하나님 우러러 경건한 기도
미사 올리고 복음 전파

불공드리고
단청 끝 풍경소리
묵언수행 깨달음 향한다

난 무종교지만
마음 닦아주는
자연의 해맑은 설레임

산과 강 바다
나서는 발걸음 가볍고 힘차다

반짝이는 별

반년에 서너 번의 눈빛
아낌이 지나친
부적절한 잣대

혼쭐날 뻔한 연
천길 벼랑에 내민 손길
눈물겹도록 고맙다

맘고생 몸 풀고 나니
사랑은 고난의 긴 여정

어유지리 흐르는 강아
소맷자락 끄집는다
뿌리치지 마라
돌이 수석이려면
반짝이는 별 섬기련다

코로나19의 재앙

악한의 심술인가?
국경도 흔적도 없는 암흑의 패거리
불안과 공포에 떤다

갑작스런 병마 어제의 그가
내일 모를 스러짐,
일상 어그러짐에 허덕이는 살림
기우뚱거리는 경제

하늘, 뱃길, 육로, 빗장치는
혼란의 지구촌
미증유의 새질서를 암시한다

백가면 흑가면 눈알만 끔벅거리는
숨막히는 세상
가까운 마음끼리 만남도 갈라놓고
클라우드에 비대면 원격수업
인성마저 휘청거린다

누구 탓도 아닌 어두운 터널에 갇혀
언제쯤 빠져 나올지
어렵사리 쌓은 성 무너질까 두렵다

덧없는 사랑

쏜살같은 젊은 시절
황혼 가까워지니
옛사랑이 그리워진다

불현듯 떠오르는
아련한 추억 애절한 사랑
부질없는 망령인가

세월에 묻힌
아스라한 눈빛
녹슨 애련한 향수

서산에 번지는 노을빛
아름답듯이
찰나를 불태운 허무함이여

호경암의 탄흔

북악의 밤하늘 번쩍이는 섬광
공포에 숨죽이던 무장공비 야음 타고
청와대 뒤엎으려는 음모
어처구니없는 뉴스에 깜짝 놀라다

살을 에는 혹독한 추위
칠흑밤을 헤치는 수색작전
죽음은 배낭에 구겨 넣다

북악산 골짜기 불뿜는 총격전
저들이 숨어 거세게 저항한 호경암,
흘린 피 깊은 탄흔들 선연하디

휴전선 뚫리고 서울 성곽마저 무너진
1·21사태*의 민낯,
저 바위는 말이 없다

  *1·21사태 : 1968년 1월 21일 북한 무장공비 31명이 청와대 요인
   암살 명령을 받고 서부전선을 침입, 서울 침투.
   필자는 당시 수도경비사 현역병으로 수색작전에 직접 참전함.

우리 쌍둥이

콩콩이 쿵쿵이 태명 벗고
일성 터뜨리며 세상 첫 발 딛는다
두 복덩이 고추 달고 집안 큰 경사로다

신나서 팔 흔들고 쭉쭉 뻗는 발짓
방긋 웃고 옹알대며 재롱 떠는 모습
피로가 싹 가신다

민성이, 민준이 무럭무럭 자라
이 나라 짊어질 훌륭한 일꾼 되어라

외롭고 어려울 땐 어깨동무
이끌고 밀어주어 서로 큰 힘 되어라

지축을 박차고
오대양 육대주 뻗어가는
세계의 큰 재목 되어라

철새들의 군무

하늘에 뿌린 먹물
촘촘한 그물망
순발의 선율 흐른다

랜덤 방향타에
무리들 순간의 날갯짓
얼개의 공간미학

아! 자유분방한 몰입
숨죽이는 화음

천수만의 하늘
다이내믹한 춤사위
생존의 몸부림
떠날 꿈 다짐인가…

그랜드 캐니언

태곳적 솟은 뼈아픈 피멍
로키의 물줄기 고랑 트고
고원 흐른다

아득한 전설 낳은 까마득한 대륙
천둥 번개 비바람 몰아치는
유구한 세월

이글거리는 태양
더위 먹은 듯 몽롱해지고
식어가는 밤하늘 별빛만 고요하다

콜로라도강 굽이굽이 앙상한 뼈대
에메랄드빛 흐르고

대협곡 펼쳐지는 장엄한 경관
탄성이 절로 무아지경이다

구원의 육탈 천길만길 벼랑

켜켜이 두른 굴곡의 테
고즈넉한 허공속에 세월 잠든다

수석

유구한 세월 외로움 삭이며
온갖 풍파 굴하지 않고

강천 굴러 부대끼며 닦아진
고결한 품격

자연이 빚은 창작예술
고귀한 숨결에 가슴 뛰노나

기묘한 형상, 한 폭의 경치는
자연의 신비를

변화와 유연한 흐름
감치는 보드라움은 세월의 흔적을

안으로 다지고 새긴 강인함이여
천년을 품어 변함없으리

빨간 장미꽃

봄을 울긋불긋 색칠하던
잔치 막을 내리고

푸르름 짙어가는
오뉴월
담장가 가시 돋친
목메임 토해내는 빨간 장미꽃

이글거리는 태양
온몸에 품고 정열 불태운다

구중궁궐 싸안은
은은한 향기
바람결 코끝 맴돌고

부시도록 보드라움
켜켜이 껴안는 천직
비바람 몰아쳐도 창날로 지키는
탐스런 송이송이

기우(祈雨)

삐알기 눈물 한 점 없는
연일 뙤약볕
논밭 저수지 메말라 거북등
초목, 농작물 신음소리
농부 가슴 시커멓게 타들어 간다

동트자 토해내는 불덩이
구름 깔면 좋으련만 해동갑 열기
일진광풍 먹구름
천둥번개 종적 감추고

차라리 저녁 노을 지고
고요한 달밤, 밤이슬에 어깨 내밀고
허기 채우고 싶다

하천 바닥 잘박잘박 무릎 들어내고
옹자물 물고기도 헉헉댄다

하늘이시여

어여뻐 여기시어
자우로 만물 촉촉이 적셔주소서

라스베이거스의 밤

사막의 한복판 빌딩숲
뜨거운 열기 가득한 밤거리
휘황 찬란한 네온빛 카지노가
살랑댄다

가벼운 맘 끼웃거리다
가랑비에 옷 젖듯
딛은 발 옥죄는 블랙홀 빠진다

꿈틀대는 욕망
곳간의 자물쇠 열리고
본전 욕심에 점점 깊은 수렁
인생 말아먹는 쪽박신세
일확천금은 남가일몽

3

역사를 찾아서

멀리 파도소리 품는 전등사
숲속에 쓸쓸한 실록사고
얼룩진 역사의 숨결

병자호란 피해 숨긴 조선왕조실록
화마에 휘둘린 울분,
정족산은 입을 다문다

오랑캐 청 태종 앞에
인조의 삼전도 삼배구고두례,
조선을 능멸한 굴욕
나라를 못 추스린 임금
무슨 낯으로 백성을 대할까…

해거름에 찾아온 까치 떼,
소침(消沈) 누그러뜨릴 듯
병풍산 정적을 깬다

어스레 산사 나서는 나그네

밝은 보름달, 동네 밖 배웅하니
먹먹함도 일순이구나

동반자

주춧돌에 튼튼한 기둥
반듯하게 세워준다
거센 풍파 막아주고
한풍에 군불 지핀다

풋내 나는 냇물
바짓가랑이 젖던 청춘
깊은 강물 되어
역사 도도히 흐른다

오랜 세월 깊은 정
용광로에 녹은
사랑의 붉은 눈물

몸과 맘 하나 되어 샘솟는 힘
평생 한길
고락 나눌 버팀목이여

임진강은 흐르는데

늦가을 텅 빈 파주 들녘
벼이삭 찾는 철새 떼 한가롭다

고려 조선을 잇는 방촌*의 얼
임진강은 흐르는데

반구정에서 바라본 북녘땅
녹슬은 철조망에 가려 멀기만 하구나

민통선 하늘 나는 기러기
그리운 북측 소식 품어오면 좋으련만

다가올 듯 멀어져 가는
민족의 혈맥 언제 뚫리려나

* 방촌 : 황희 정승의 호.

인생길

만인의 평화 행복은…
한쪽에선 불공평의 아우성
다른 쪽은 이에 냉소짓고
또 묵묵히 사는 측도

큰 욕심 없이 살고픈 마음
빈부격차 심하고 치열한 경쟁에
맞닥뜨리면
안일을 책망, 핀잔에 갈등도

정상이 설자릴 잃고
비정상이 앞지르는
편법이 똑똑한 척
원칙을 답답함으로 여기는
현실의 씁쓸함…

행복 찾아 나선 길
흩어지고 합쳐지는 수많은 누빔
무거운 짐이 되고, 홀가분한 맘으로

안정을 찾기도

인생길 가다보면 돌부리
험난한 파도 만나기 일쑤,
때론 애간장 녹이고 노심초사

꽃길 걷고 싶지만
세상이 호락호락 내주던가
벼룻길도 앞이 캄캄한 길도 있더라

'평생 몇차례 기회'
놓치면 후회 살리면 행운
산전수전 겪어도 모르는 게 인생,
녹록지 않아 샛길 승부 걸다
낭패도 있더라

인생은 환상이 아니거늘
달콤함도 잠시
평화, 고난의 강을 부대끼며

사랑가를 부르고, 이별주를 나누며
기쁨과 쓰라림을
되새기고 지우면서 흐르더라

상실

하얀 목련 꿈 터뜨릴 때
마음 적셔주던 시상

주렁주렁 달린 홍시
까치, 참새, 직박구리 별미 즐기며
글감 주던 건너편 집,

봄을 앗고 가을마저 베는
아픔 한마디 못하고
처절히 쓰러지다

오가는 발길도 허전한
게으른 넋두리에 실색한다

메마른 정서
서글퍼 빈 하늘 눈물 훔치니
공허한 마음 뭘로 동여맬까

못 지킨 약속

중매인* 덕에 인연 맺어
한평생 동반자로 살아간다

연분 찾기 쉽지 않은 세상
명망 두터운
'술이 석잔' 고마움에
송도 음식점 약속

설레는 마음 쌓이는데
얄미운 코로나19로 미루다
4월 갑자기 유명을 달리하셨으니
이 무슨 청천벽력인가
억장이 무너지는 허망함이여

'회자정리 거자필반'
가슴 찢어지는 아픔 남기고
황급히 가시니
쌓인 회포 뉘와 풀으리오

삼가 천국에서 명복 누리소서

* 중매인: 약사이며 리더십이 훌륭한 처의 중고교 동창,
  친한 친구, 뇌졸중으로 별세함.

소나무

올곧고 꿋꿋한 기개 하늘 찌르고
풍설 헤쳐 밑둥치 바위 부둥키고
푸르름 지킨다

바람결에 은은한 솔향기 백두대간
민족혼 일깨운다

찌들게 어렵던 시절
피거죽 속살 내주는 에인 상처 안고
끼니 베풀었지

관솔 공출 일제의 강압
송진 범벅이 된 어머님의
거친 손마디 울분의 피가 맺힌다

기둥, 대들보, 서까래로 한옥 올리니
주검의 보시로다

뫼에 묻혀 사는 소박한 마음

중생의 벗 되어라 속세에 발걸음
반기는 가슴 한편에 사무치는 그리움
목을 빼고 푸른 향수에 젖는다

화진포 회상

젊음이 약동하는 낭만의 해변
들끓던 흔적 파도에 씻겨 내리고
텅 빈 백사장
다시 열정을 달굴 그리움으로 뒤척인다

금강송 울창한 화진포 전망대
수평선 넘어 아스라이 해금강이 어른거리고…

속살 비치는 에메랄드빛 해변
북을 향해 품던 임의 뜻
모래알 속에 살아 숨쉴 듯
옛 발자취 선연(鮮然)한데

임은 스러지고
벼리던 "북진통일(北進統一)"
녹슬은 메아리 허공에 이울다

하얀 밥티꽃

지하철 스크린도어
하아얀 꽃 가지런히 피었다
꽃송이 갈피마다 그윽한 향 머금고
영혼이 숨 쉰다

가까이서 눈길 주면
파고드는 깊은 향취 심금을 울린다

햇살 한 점 없는 통로
벌, 나비들 감미로운 입맞춤은
꿈나라의 향수

발길 그리움, 환한 철빛 저버리고
더러는 유현(幽玄)한 향기에 도취
열차는 뒷전으로 밀린다

다시 또

숨막히는 허공 홀로 섧다

차갑고 매몰찬 파도에
물거품 된 모래성
허탈감에 목메다

한 쪽 날개 잃은 새처럼
멀리 떠밀린 나룻배
노마저 없구나

왕관석 절로 아니거늘
모은 지혜 마다하고
어찌 그 뜻 새기리오

인생사 허물인들 없겠소
공들여 가꾼 꿈
한갓되이 날리련가
덕을 밟고 평정심 찾으리오

그 빛 초연히 어둠 지우리다

기쁨 먹고 자란 나무

세상 떠날 때까지
마음속 잊을 수 없는
다 갚진 못할 빚
은혜 산보다 높고
바다보다 깊어
세상 모두에게 드리는
진심어린 한마디,
일상의 매마름
촉촉이 적셔주어
맺힌 응어리, 쌓인 감정
풀 수 있는 길
기쁨 먹고 자란 나무
활짝 꽃피어 향기 맴도니
열매 익어 보람 나눈다

눈물은 새살로 지워요

저녁노을 땅거미 지자
반짝반짝 별빛 솟는다

어둠 속 은하수 흐르고
초롱초롱 빛나는 별들 꿈을 속삭이며
아롱진 실타래 푼다

신비 흐르는 우주의 정수리
외로움 삼키는 북극성
조각달 보며 가슴 저리는 한 구절
"애틋한 눈빛 바라만 볼 뿐
영원히 만날 수 없는
서글픈 운명이여" 라는 독백에

서럽게 눈물 짓는 이지러진 마음
"새살 차면 함박웃음
어스레한 밤 지울게요"

아차산 전망대

동남자락 치마바위
고구려 말굽소리 산성에 서리고
유유히 흐르는 한강
기적의 역사 쓰며 바다 향한다
북한산, 도봉산, 관악산 병풍 둘러
도성의 풍광 드높이며
빼곡히 들어찬 높은 빌딩숲 속
세계 으뜸을 꿈꾸는 야망
머릴 싸매고 밤낮없이 심혈 기울인다
동남쪽 높이 솟은 죽순 봉우리
화려한 조명 밤하늘 수놓고
줄지은 차량 역동의 붉은 동맥
한눈에 굽어보는 서울 전경
힘찬 고동 메아리친다

나폴리 카프리섬

지중해의 어귀 우아한 항구
유연한 풍광 운치를 더한다

뱃길 따라 한 시간여
휴양지 카프리섬

천혜의 해안 굽이굽이 펼쳐지는
절벽경 탄성이 절로 나온다
배들이 동굴 깊숙이 햇살 스민
잔잔한 물결 에메랄드빛 비경,
누가 나폴리를 "세계 3대 미항"이라 했나

해거름 이국의 노을빛
마음 붉게 물들인다
어둠이 깔린 머얼리
불빛 솟아오르는 나폴리 경관,
밤은 점점 깊어가고
잘룩한 밤 허리에 고즈넉이 잠든 세상
설레는 맘 하얀 뱃길 뇌며 꿈나라로…

장미꽃 연정

보드라운 살결 은은한 향기
가슴 짙게 흔들더니
이울은 꽃비 흩날리며
무상한 녹색 별 애처롭다

담장에 그리움 품은 빨간 장미꽃
임 생각에 수많은 밤 지새우며
녹아내린 외로운 눈물

가슴 시리도록 옛 추억 밀려오면
마음의 강 흐르는 물결에
얼룩진 꽃잎 띄우리라
그대에게
아직도 못 잊는다고…

철길은 녹슬고

머얼리 송악산 자락
두고 온 부모형제 꿈엔들 잊으리오
그리움 차곡 쌓여 한이 서린다

생사도 모르는 이산의 아픔
목메는 세월 덧없이 흘러
허리는 굽고 서릿발 성성하다

두 동강 난 철길 벌겋게 녹슬고
미카 기적소리 스러진 지 옛적
누가 몹쓸 남북으로 갈라
눈물 젖은 망향가를…

동서 가로지른 철책 길
총부리 삼엄하다
굽이치는 임진강 모래톱에 두루미
북녘 소식 물고 오면 좋으련만
하늘 높이 치솟는 탄도미사일
다시 붉은 피 뿌려

한반도에 원혼 떠돌게 하련가

속셈 다른 냉기류
다가설 듯 멀어져 가는
통일의 훈풍 어디메쯤 불어올까

세월은 약

오랜 침묵 메아리 없는 정적
기다림에 지친 가슴 퍼렇게 멍든다

재회의 꿈 실은 마지막 벨소리
허공에 사라지며
철옹성이 무너지듯 으스러진 마음

별리
그림자도 밟지 않겠다고
다짐하던 언약
파도 앞에 모래성
떠난 자리 휑뎅그렁 넋두리

비련 남기고 홀연히 스러진
상처 세월 속에 아물으리
미련은 허망, 망각이 추스른다

4

양재천 봄길

보드라운 바람결
마음 적셔오는 설레임
양재 언덕 포근한 숨결 아른거린다

된바람 진저리치며 틔운 꿈
개나리 꽃망울 터뜨리고

노란 물결 넘실거리는 언덕길
눈부시게 일렁이고
화사한 벚꽃 흐드러질 때
상춘의 꿈 무르익는다

양재천 유유히 흐르고
떼 지은 잉어 어른 꽃잎 입질하며
봄놀이 한다

연둣빛 새싹

파릇파릇 돋아나는
새싹 티없는 얼굴

어느새 자라
싱그러운 내음
숲속 번진다

연둣빛 풀어내는
고사리손
아장아장 걸음마
방긋 웃는 천진함
바람결에 나풀거린다

세파를 모르는
착하고 귀여운 애송이
행여 다칠까봐 조바심에
봄날을 애태운다

금낭화

산 속 바위틈에
잎새 뚫고 나온 활대 줄기
담홍빛 비단 복주머니
주렁주렁 매달고 꿈을 켠다

진홍빛 하트 대롱대롱
사랑 흠뻑 되이어
비단결 치마폭에
하얀 고름 살짝 내미니
고아(高雅) 하구나

구름다리 건너 선녀탕
붉으스레 연등 비추어
수비(水霏) 걷히면
꿈결 같은 선녀 보이려나

아차―용마산의 봄

봄 달여 마신
아차―용마산 벌겋게 취해
계곡 산비탈 타고
활활 달아오른다

조붓한 비탈길
연분홍 진달래꽃
애틋한 그리움 흥건히 적신다

박새, 산비둘기
꽃빛 취해 넋을 놓고

감아도는 한강
연푸른 물결 봄빛 흐는하다

민들레

몇 톨 흙, 틈새에 토담집 짓고
오순도순 살아요
짓밟으면 마음 아프지만
서까래 이어 끈질게 삽니다

마당에 톱 잎 깔고
형님 먼저 진노랑 샴페인 터뜨리면
아우 따라 축배 들지요

작지만 깜찍한 용모
그러모은 맑은 향기
촉촉한 화기에 정분도 나누지요

몸 분질러 하얀 젖 상처 쓰다듬고
젊게 살라 뿌리째 효심 베풀어요

덕을 덮고
씨앗 품고서 고향 떠나는 비장함
그 뉘와 견주리오

이름 모를 들꽃

한갓진 곳 외로움 삼키는
무심코 짓밟히는 아픔 삭이며
부러진 상처 말없이 털고 선다

된바람 언저리 녹은 눈물
한 모금 축이고
햇볕 한 줌 갈아 마신 고동소리
봄을 이고 기지개 켠다

황량한 들판, 한적한 산속
수수한 꿈 차려입은
맵시 갸륵하구나

무명이라 섭섭하지 말라
찾는 이 없다 슬퍼하지도 마라
세상이 못 챙겨도
가는 세월 소맷자락 끄집는 이 있으니

백목련

품은 뜻 가다듬고
임 향한 단심 북녘 그린다

된바람 뚫고 틔운 꿈
촉촉한 햇살 등진 목필

일필휘지 꿈을 휘두르듯
꽃봉오리 부시시
하얀 마음 자아낸다

가지마다 틀은 봄 향기
은은히 맴돌고
매무새 고아하니

꽃잎 바람에 날려
진토 될지언정
곧은 뜻 하늘에 새기리

능소화

담장 너머 누가 있어
줄기마다 새순 달고
주렁주렁 나팔 불며 마음 홀리는가

한여름 비바람 더 세도
초연(超然)히 울리는 팡파레

녹색 치마저고리
주황빛 나팔고름 매고 하늘거리며
그리움 토해내는 다소곳한 용모

오르다 몸져 누운
흐트러짐 없는 단심
오롯이 사무침만 질펀하네

달

쪽빛 물결 들어 놓는 신통에
삶을 건다
세월 손꼽으며
양과 더불어 문명이 싹트고
어두운 광막에 지혜를 밝힌다

낮엔 하아얀 구름 한조각
명상에 잠기고
어둑어둑 해지면 얼굴 내밀고
지성이와 정도 나눈다

구름 따라 가는 세월
밝은 보름달 바라보며
풍성한 한해를 비나리한다

누럿누럿 물결 이는 들녘
구슬땀 흘린 보람 뿌듯한데
이슥토록 이슬 맺힌 볏단 헛헛하다

소슬바람에 낙엽 지는 밤
달빛어린 창가에
머언 그리움 사무쳐 가슴 시리다

어스름 그믐밤에 님은 마실갔나
별들은 말없어
차는 물결 애타게 발만 동동 구르고

사월(斜月) 산골짜기 고요한 적막 걷히니
차오른 환한 빛 산등성이 달궈
세상 밝히는 삼우(三友) 영원을 다진다

내 곁을 떠난 사람

어느 날 말없이 떠난 사람
눈바래기 했으면
가슴에 덜 맺힐걸
만남이 떠남의 시그널인가

저버린 야속함에
아니 눈물 잊으려도
가시지 않는 사랑

윤슬처럼 살며시
옛 추억 밀려오면 가슴 뛰노나
그리움 먼 빛 남겨놓고 가버린 사람아!

그리운 사람아

가까이 다가가고 싶어도
그럴 수 없는
보고 싶어도 만날 수 없는

외롭고 울적할 땐
쌓인 그리움 마음에 서려
우련하구나

흘러간 추억이
아프게 짓누를 때
가아끔은 꿈속을 거닌다

베일 드리운 그대 창가에
달빛 스미는 교감이 흐른다면
사랑이 농익은 한밤이 될 거라고…

안 보면 불안하던 열정
누그러졌지만
사무치는 그리움 아직도
가슴 속에 새록새록 돋아난다

어느 파문

잔잔한 호숫가에
돌멩이 하나 파문을 일으키듯
평온한 마을에 이상한 기류로
술렁인다

낯선 이방인, 동네 성녀의
뚝방길 로맨틱 행보

훤칠하고 고혹적인 화술에
콩깍지 씌인 듯한 그녀
머플러 봄바람에 나부낀다

밭일 마치고 샛길 가던
동네 총각에게 들통,
몰래 순정 나누던 그이
낙담에 분통터져 못 본 척

밤새 하염없는 눈물로
믿음 깨진 행오, 분을 삭이다

야누스적 모럴,
상처 주는 앎이 그리도 요긴했을까
진정 마음 여미는 아픔이
고개 쳐들면 그의 갈 길은…

가을걷이

푹푹 찌던 더위 물러가고
조석으로 선선한 바람
창틀 넘나든다

짓눌린 무딘 감각
영혼의 기지개로 추스러 본다

푸르름 아득한 하늘
저 편에
밭고랑 하얀 구름 한밭뙤기

상념의 씨앗 뿌려
튼실히 가꿔
누릿누릿 여물어 가는 시심이여

가을 단풍의 설움

햇살 한줌 아쉬운
하늘 그리워
연둣빛 꿈
고개 처든 이파리

까치발 양팔 벌려
무성한 숲

알록달록 물감 뿌려
산들바람에 춤사위
온몸 불사른다

가파른 들숨
우러나는 절규의 빛깔
찬사에 손사래치며
추억 속으로 사라질
쓸쓸한 잎새

낙엽이 갈 길

한적한 숲길
붉게 물든 단풍

고운 추억 불사르고
텅 빈 마음 너울너울 춤사위

스산한 바람결
표연(飄然)히 흩날리는 떨잎

사각사각 밟히는 잎새마다
처절한 마음 녹여
새 생명 밀알 꿈꾼다

하늘길

한껏 고도 세상은 닫히고
단절감에 숨죽인다

쪽빛 하늘 바다
가녀린 구름띠만 간간이 걸려있다

가리개 없는 태양 헐벗은 햇살
혹독한 추위 뚫는다

어스름 해지고
적막 가르는 머나먼 항로,
스르르 깬 잠결 먼동이 튼다

읊조리는 산 희끗희끗 검푸른 바다
설레는 마음
콩닥콩닥 가슴이 뛴다

천섬

고요한 호수의 나라
세인트로렌스 강에
옹기종기 떠 있는 숲속의 잔치
고풍스런 석탑
군데군데 솟아 햇살에 빛난다

수상의 낙원을 꿈꾸는
청초함 머금은 채
태고의 숨결 묻어나는 아늑한 숲
이름 모를 새소리 지저귀고
꽃 피는 동산 벌 윙윙,
나비 향기 찾아 나폴나폴 나는 풀숲

해와 달 외로운 벗 삼아
밤하늘 별빛 흐르는 정적을 베고
잠드는 갈라파고스
세찬 비바람 몰아쳐도
꿋꿋이 철옷 갈아입고 꿈 켠다

멀리 성전에서 울려 퍼지는 종소리
잔잔한 물결 타고 가슴에 스민다
자유 평화가 머물 듯한
고즈넉한 풍경 속에 한세상 살고픈데
군도(群島)를 뒤로하는 뱃머리
표연(飄然)한 심사여…

5

나의 산행

철 따라 옷 갈아입고
고요히 무게 품은 인자한 가슴
덕을 밟아 오르는 저 굴기

꽃향기 그윽한 산
생동감 넘치는 숲과 흙의 내음
짝을 그리는 새소리, 우렁찬 폭포
여울 계곡의 시원한 합창
자연의 울림은 청아하다

송골송골 맺히는 땀
바람결에 몸과 맘 훔치고
아름다운 경치 한시름 덜어준다
마지막 고개 가파른 숨소리
사바가 감실거린다

등정의 기쁨
첩첩 산봉우리, 머어언 시야
가슴이 뻥 뚫린다

번뇌가 가슴 타고 다리로 흐르는데
잠시 머무는 구름이구나

백담계곡의 정취

내설악 깊숙이 바위계곡
시리도록 맑은 물
설레는 가슴 적셔준다

천만년 풍상
제살 도려내는 아픔
고고(孤高)함 지키며
안으로 안으로 다듬은 하얀 바위
청아(淸雅)하다

시퍼런 세월 보듬고
굽이굽이 흐르는 백담계곡
가는 곳이 어디메냐

저 멀리 대청봉 갈 길 먼데
해거름 첩첩 봉우리
자욱히 어두움 드리우니
고즈넉한 산사 적막에 쌓이누나

피아골 단풍

깊어가는 가을
산야가 울긋불긋 채색되면
붉게 물든 지리산
피아골 단풍이 생각난다

곱고 빼어난 절경에
탄성을 지르며
사랑을 속삭이던
바위계곡 떠올린다

가고파라!

그 시절 다시 온다면
설레는 가슴
깊은 계곡에 포근히 안겨
그대와 못다 한 정
새록새록 담아
마음마저 붉게 물들으리

국화

뒷동산 진달래꽃, 철쭉꽃
봄 설레는 처녀 가슴
붉게 물드는 걸 보았노라

오뉴월 빨간 장미꽃
정열에 불타는 감미로운 입술을…
배롱나무 선분홍 화사한 꿈 터뜨리고
능소화 주홍빛 애틋함 품고
넌지시 다가와
한여름 살랑대는 숨결 보았노라

가냘픈 몸매 더위 밀어내는
코스모스 한들한들 춤사위
가을 합창도 보았노라

오곡 무르익은 갈빛 산과 들
갈무리 한참인데
늦가을 긴 여정 끝자락에서
깊은 숨 가다듬고

오상고절 홀로 청초함
짙은 향기 뜨락 가득 메우누나

계절 속에 사람과 숲

몸과 맘 닦는 산뜻한 숲

햇볕 쨍쨍 너울 아쉬운데
켜켜이 녹색 고깔

염천에 돗자리 펴
등골의 땀 닦아준다

산들바람 불면
울긋불긋 옷 갈아입고
님 그리워 야윈 밤 지새다
지는 잎새

혹한에 실오라기 두르사
맨가슴 칼바람 막고

인고의 탈 벗으며 튀운 꿈
가녀린 봄볕 타고 일렁이다

덧없는 인생

붉게 물든 잎새
소슬바람에 흩날리어
시냇물에 떠가네

가을 가고
봄 오면 새싹 돋아
꽃피고 열매 맺는데

쏜살 같은 세월
자꾸만 명 갉아먹어

석양녘 노을빛
속절없이 손짓하니
야속함만 가슴 차누나

가을 도봉산의 단상

울긋불긋 물감
암벽 타고 흘러내린다

계곡의 조붓한 숲길
햇살 품은 고운 옷자락
붉은 몸매 단아하다

세찬 비바람 몰아쳐도
푸르름 지킨 이파리
야속한 세월 앞에
몸부림치는 핏물 적셔 흩날리다

서걱서걱 밟히는 아롱진 추억
가슴 아리지만 한줌 밀알 되리라

눈망울 가득 담은 가을빛
노을 등에 지고
길 떠나는 나그네 정처 없어라

우연한 만남

어느 화사한 결혼식 날
예식을 마치고

밖에서 우연히
마음속에 간직한
그리운 이를 만나다니…

깜짝 놀라
미몽에 빠진 순간
머릿속은 하아얀 백지
얼떨결에 어설픈 눈인사로
헤어지는 쓸쓸한 발걸음

진실 앞에 고개 숙인
한마디 못하고
싸늘하게 밀려오는 회한
시린 마음 구석엔
목메이는 진한 아픔 인다

그 끝을 넘어

세상의 머언 끝자락
범접마저 두렵던

비몽사몽에 딛은
까마득한 길
고달픈 육신 끌고
혼신 다한 삶
한 줌 빈손이라네

그 누가
잿불 토닥이며
애달피 써내릴 만장

사단칠정* 다 사위고
아득한 저 하늘
삭연히 너울 짓는 혼
환한 빛 송두리째 앗아간다

  * 사단칠정 : 四端(仁－惻隱之心 측은지심, 義－羞惡之心 수

오지심, 禮—辭讓之心 사양지심, 智—是非之心 시비지심)

즉 인간의 도덕적 마음씨이며

七情(喜희 : 기쁨, 怒노 : 노여움, 哀애 : 슬픔, 懼구 : 두려움, 愛애 : 사랑, 惡오 : 미움, 欲욕 : 욕망)

인간의 자연적 감정을 가리킨다.

만날 수 있다면

오랜 세월 가슴속에
고이 묻어둔 사랑
인생 해거름에 만날 수 있다면
맨발로 뛰쳐나가 얼싸안고
괴인 눈물 봇물 터지리라

엇갈린 인생, 쌓인 그리움
세월에 묻혀
잊혀진 듯 되살아남은 어인 일일까

마음 한 구석 새겨진 애련(愛戀)
울적할 땐
밤하늘 적시는 아림 도지고
아련한 추억 못내 아쉬워도
저녁노을 강 건넌 후외다

제 길 가는 게 운명인가
손끝 떠나면 바람인 걸

또 한 생이

소슬바람에 애잔하게
펄럭이는 깃발

환한 빛 송두리째 벗은
영가

한 생 지을 연 찾아
헤매는 발길

이승의 짐 사르고
무얼 지으련기

멈춤이 끝인데
머언 허공의 갈림길
멍에 메고
쌓은 결따라 가는 걸까

낙엽

인연도 때가 되면 놓는구나

푸른 꿈 덧없이 흘러
울긋불긋 곱게 물들인 비단폭에
고이 잠들고 싶은데

서럽게 마음 비우고
힘에 겨워 놓아버린 동아줄

하염없이 흩날리는 잎새
자연의 부름은 매정하구나

맥없는 자유, 서성이다
초췌해진 모습

한 몸 가루되어 새 생명
이룰 수 있다면
영혼까지 바쳐 한 톨 흙이 되리라

나목

실오라기 한 올마저 버거워
맨몸으로 한풍 초극한다

풋풋한 마음 하늘 벗하고
바람 쉬어가는
정자나무 아래 촌부의 한담
엊그제 인데

곱디 고운 마음씨
훨훨 날려 버리고
쓸쓸한 가지마다 달빛 차갑다

인연 다 벗어 던지고
외로움 씹는 고행
피거죽 마디마디 꿈을 틔운다

센트럴파크

뉴욕항의 드림…
6대륙 상징 뿔왕관 쓰고 횃불 높이 치켜든
자유의 여신상
엷은 청옥빛 휘감은 우아한 자태
독립 기리는 숭고한 얼 가슴 뭉클하다
맨해튼의 높은 빌딩숲 중심에
울창한 숲 싱그러운 숨소리,
마천루 틈바구니 가쁜 숨 몰아쉬고
생글생글 깊은 숨 쉬는 센트럴파크,
허파 벌렁거리며 숨 고른다
널따란 초원 위 햇볕 한줌 그리워
옹기종기 한갓진 풍경
호숫가 철새들 유유히 물결 헤치고
연못가 바위에 앙증맞은 거북이들
한가로이 낮잠 즐긴다
못에 비친 고층빌딩 한나절 피로를 풀고
복닥거리는 도심의 분주한 인파 속에
세계금융을 쥐락펴락 초대형 맘모스가 꿈틀거린다
이스트강변 우뚝 솟은 평화의 지킴이

깃발 펄럭이며 곧추뜨고 귀를 연다
석양녘 노을빛 번지는 하루가 저문다
어스름 드리워 밤은 깊어가고
강 건너 머얼리 펼쳐지는 맨해튼의 야경
고요한 별빛 야월 품고 안식에 든다

나이아가라 폭포

태고의 숨소리 유유히 흐른다

큰 바위섬 비껴가는 두 갈래
한쪽은 작은 진동
다른 쪽은 큰 뇌성

세상 궂은 일 다 끌어안고
말발굽 넓고 큰 벼랑
온몸 던져 거듭나는 장엄한 울림
에메랄드빛 찬란한 폭포
그 웅장함에 가슴 벅차오른다

무지개 피는 환상 애써 누르며
물보라, 물안개 꿈 싣고
가슴 활짝 열고 젊은 열정 저어갈 때
나이야! 가라! 솟구쳐 간다
서로 보듬고 격랑의 소용돌이 헤쳐
대양으로 간다
품고 낳아 기른 그리움 향하여…

첫눈

간밤에 싸락싸락
풀섶 간질이고

낮엔 수줍어
하얀 마음 살짝 가리고
조용히 가버린 님

설레는 맘 터질까봐
하아얀 가루약 뿌린 천사

쌓인 그리움 풀어준
고운님 오실 때
밤새워 기다릴래요

설중매

아직 삭풍이
뼈에 사무친다

하얀 솜옷 갈아입고
빨간 입술 시리어도

은은한 향기
가지마다 고이 품고

봄 그리는 애틋함
차곡차곡 쌓여있다

회심의 환한 미소

세월이 훌쩍 흘러
인생을 되돌아보니
꿈과 낭만의 젊은시절이 그립다

지천명 넘어서자 불어닥친
회오리 같은 우환, 고뇌가 싹튼다

세파에 부대끼며
푸르름 찾아 나선 몸부림
품안의 멍울 지웠으면 좋으련만
다 풀지 못한 의술의 안타까운 미로

한가닥 희망을 품고
영혼의 담금질은 이어질 것이다

삶의 회한이 머문
가슴 깊은 곳, 고요
합장 속에 촛불은 타오르고
기어이 안개 걷히는 날
 회심의 환한 미소 지으리라

| 해설 |

뛰어난 표현 기법 밝은 시세계 보여

| 작품해설 |

뛰어난 표현 기법 밝은 시세계 보여

李姓教
(시인·성신여대 명예교수)

1. 詩의 첫 출발과 보람

시는 인생 생활의 표현, 꽃이라고 생각할 때 아름다운 것이다. 그래서 사람들은 거기에서 큰 위안을 얻는다. 시에 관심이 있는 사람, 특히 독자들로 보면 거기에는 아름다움이 있고 진실이 숨겨져 있음을 발견하게 된다.

길거리 한 모퉁이에 피어있는 꽃을 보고 관심 있는 많은 사람들은 그냥 지나지 않고 꽃의 모습을 깊이 보게 된다. 여기에서 미감을 키우게 된다. 이러한 미감이 밑받침이 되어 무엇을 표현하고 싶은 욕망이 생기는 것이다. 시의 출발도 이런 심리적 관점에서 보면 된다.

자연의 아름다움과 생활의 지혜를 독특한 감성으로 시로 꽃피운 김갑성 시인은 그 첫 출발부터 남달랐다. 1946년 자연 경계가 뛰어나고 살기 좋은 곳으로 이름난 전라북도 임실군 오수에서 태어나 자랐다. 당시 농촌 형편으로 볼 때 비교적 부유한 집안에서 태어나 어린 시절 자라다 향리에서 초 중등학교를 졸업하고 고등학교는 도시에서 학업을 수업했다고 진술하고 있다.

차츰 그의 성장과 함께 세상을 보는 시야가 넓어질 때 그의 눈 앞에 보이는 환상의 세계 이상향은 달랐다. 당시 학업을 닦고 있었던 학교(전주고등학교)에는 명문교로 알려져 유명한 시인들도 몇 있었다. 김해강 선생, 신석정 선생 등이 한때 교직에 있었고, 6·25 때 잠시 서정주 선생도 이곳에 머문 일이 있었다.

이러한 분위기에서 많은 학생들이 문학의 분위기 속에서 살았다. 김갑성 시인도 예외는 아니어서 객지를 떠난 고독과 함께 좋은 생각을 익히는 의미에서 글을 지어봤다고 했다. 이렇게 하다가 대학과정(고려대)을 마치고 사회활동을 시작했다. 그동안 가슴 깊숙이 키운 시의 싹을 본격적으로 키우게 된 것이다.

김갑성 시인이 정식으로 등단한 것은 2015년 『한국대경문학』에서 제5회 한국대경문학 신인상을 받음으로 문단에 등단했다. 그후 김갑성 시인은 남다른 각오로 데뷔지 『한국대경문학』을 중심으로 열심히 시를 썼다. 그 결과 2017년에는 제11회 한국강남문학상을 수상했다. 그리하여 그가 닦아온 기반을 넓혔다. 여기에 뒤이어 2019년에는 대경문학회에서 주는 최고상 제8회 성천문학상을 받아 많은 사람의 축하를 받았다.

2. 고향 그리움과 어머니 표상

누구나 태어나고 자란 곳이 있다. 그곳이 고향이다. 한평생 살면서 늘 마음에 간직하고 산다. 그것은 흡사 어머니 품 같아서 늘 따스하고 아름답기만 하다.

김갑성 시인의 고향은 전북 임실 오수다. 그의 사고방식에는 어디를 가든지, 무엇을 생각하는지 암암리에 고향이 주는 아름다운 향수에 젖어있었다.

  어릴 적 잔뼈 굵은
  저 남쪽 하늘 아래 오수천

  물장구 치며 고기 잡고 뛰놀던
  깨복쟁이 친구
  고향 생각 그리울 땐 문득 떠오른다

  고향 떠난 지 반백년
  서릿발 흩날리는 황혼녘
  외롭기 그지없다

  무심한 친구여
  어디서 뭘 하며 지내느냐
  애타도록 보고싶다

             ―「고향 친구」일부

 어릴 때 친구를 생각하며 간절히 보고 싶은 생각을 노래했다. 첫 연부터 '어릴적 잔뼈 굵은/ 저 남쪽 하늘 아래 오수천' 고향을 들면서 반백년 떠나온 긴 세월 외롭게 지내온 심정을 토로했다.
 고향 생각의 일환으로 인상에 남은 오수(獒樹) 장날을 그렸다.

「옛 시장 어디 갔나」에서 3, 4연에 있는 장면이 구수하기만 하다.

    인파 가득 메운 오수장날
    장바닥 시끌벅적한 풍경
    선술집 막걸리 한 사발 걸치면
    떠들썩 세상사 홍이 난다

    생선 꾸러미, 고기 과일 보따리 메고
    이삼십 리 길은 보통
    활기찬 그 장터 어디 갔나

또 옛 추억을 더듬어 고향 집 생활을 노래했다.

    부엌 한 쪽 방 호롱불 키고
    책장 넘기던 유년시절,
    정미소 한지붕 아래 조그만 꿈
    싹트던 집
    여름 밤 매캐한 모깃불 피워놓고
    가족들 평상에 누워 도란도란 얘기 나누며
    북두칠성 찾아 스르르 잠들던 마당
    원동산 고목 깊은 밤 소쩍새 슬피 울면
    가슴 시려 뜬눈 지새던 시절 떠오른다

    어머님 손때 묻은 시렁이며, 장독대,

뜨뜻한 아랫목, 냉골 윗목의 장롱,
선잠 깨시어 꼭두새벽 정한수 떠놓고
조왕신께 빌던 부뚜막,
아들 새벽잠 깨워 머얼리 기적소리
통학열차 놓칠세라 도시락 챙겨주시던 어머님,
정든 집 떠나시는 심정 얼마나 착잡했을까…
흔적없이 사라진 낯선 모습
애틋한 향수 목메여 가슴 저민다

―「옛 고향 집」 전문

여기에는 여러 이야기가 전설처럼 엮여져 있어서 가슴을 더욱 뜨겁게 하고 있다. '호롱불 키고 책장 넘기던 일' '정미소 한지붕 아래 조그만 꿈' '북두칠성 찾아 스르르 잠들던 마당' 등이 긴 여운을 남기고 있다.

이 고향시 일환으로 어머님 모습도 잘 그렸다.

마음의 고향
머언 기적소리 사라지는
잔상 머릿속 맴돈다

기다림과 체념이 몸에 밴
안타까운 세월
모시지 못한 응어리 한이 서린다

컴컴한 새벽 부뚜막에
정한수 떠놓고
매일 공들이시고
낮엔 밭에 나가 고추, 깨 심고
적삼 홍건히 젖도록
몸 부서 지심매신 어머님

무릎이 닳도록
일에 묻혀 사신 한평생
호강 제대로 못 누리신
어머님 안쓰럽지만
백세를 넘기시니 장하시다

―「어머니」일부

  1연 '컴컴한 새벽 부뚜막에/ 정한수 떠놓고/ 매일 공들이시고/ 낮엔 밭에 나가 고추, 깨 심고/ 적삼 홍건히 젖도록/ 몸 부서 지심매신 어머님'이라고 했다.
  또 「동치미」라는 시에서도 어머니 생각을 깊게 노래하고 있다.

동지섣달 긴 밤
군것질 생각날 때
마당에 묻은 독에서 꺼낸 동치미

댓잎 배 우러난 송송 썰은

배추 무 아삭아삭 새콤한 맛,
톡 쏘는 시원한 국물은
겨울밤의 일미 어머니맛!

화롯가에 가족들 둘러 앉아
도란도란 얘기 나누며 밤참 즐기던
오붓한 시절

 동치미 먹는 식구들의 모습이 그려져 더욱 정다움을 나타내고 있다. '화롯가에 가족들 둘러 앉아/ 도란도란 얘기 나누며 밤참 즐기던/ 오붓한 시절 떠오른다' 아주 리얼하게 정답게 그렸다.

3. 꿈과 긍정적인 삶

 사람의 태도는 여러 가지가 있는데 김갑성 시인은 꿈이 많고 긍정적인 사람임을 느낄 수 있었다. 그래서 그의 시를 읽으면 마음이 맑아져 새로운 세상을 만나게 된다. 그의 바램은 항상 살아있는 것이다.

동경(憧憬)에서 가시로
바구니에 별을 담는 심정

이루고 싶은 열망
정성 다 바쳐 지핀 불

은은한 불덩이로 달궈질 때
　　갈고 닦은 무수한 담금질

　　비바람 높은 파고 헤쳐
　　일궈낸 푸른 생명
　　가슴 속에 뿌리 내릴 둥근 달

　　　　　　　　　　　　　　　　　　　－「꿈」 전문

　제1연에서 꿈의 본질을 '동경에서 가시로/ 바구니에 별을 담는 심정// 이루고 싶은 열망/ 정성 다 바쳐 지핀 불'이라 전제하고, 제3연 '비바람 높은 파고 헤쳐/ 일궈낸 푸른 생명/ 가슴 속에 뿌리 내릴 둥근 달'이라고 의미했다. 이러한 삶의 목표를 가지고 무한히 연단하여 살 때 가슴속에 뿌리내린 둥근달을 볼 수 있는 것이다.

　이런 인생의 태도를 가지고 그는 항상 무엇이 될 것을 알고 긍정적으로 사는 것이다. 그러한 자세를 다음의 시에서 볼 수 있다.

　　유구한 세월 외로운 삭이며
　　온갖 풍파 굴하지 않고

　　강천 굴러 부대끼며 닦어진
　　고결한 품격

　　자연이 빚은 창작예술

고귀한 숨결에 가슴 뛰노나

기묘한 형상, 한폭의 경치는
자연의 신비를

변화와 유연한 흐름
감치는 보드라움은 세월의 흔적을

안으로 다지고 새긴 강인함이여
천년을 품어 변함 없으리

　　　　　　　　　　　　　　—「수석」 전문

올곧고 굳굳한 기개 하늘 찌르고
풍설 헤쳐 밑둥치 바위 부둥키고
푸르름 지킨다

바람결에 은은한 솔향기 백두대간
민족혼 일깨운다

찌들게 어렵던 시절
피거죽 속살 내주는 에인 상처 안고
끼니 베풀었지

관솔 공출 일제의 강압

송진 범벅이 된 어머님의
거친 손마디 울분의 피가 맺힌다

기둥, 대들보, 서까래로 한옥 올리니
주검의 보시로다

―「소나무」 일부

이 두 작품에서 볼 수 있는 강인한 삶의 자세다.

「수석」 1, 2연에서 '유구한 세월 외로운 삭이며/ 온갖 풍파 굴하지 않고// 강천 굴러 부대끼며 닦아진/ 고결한 품격', 끝 연 '안으로 다지고 새긴 강인함이여/ 천년을 품어 변함 없으리'.

「소나무」에서도 꿋꿋하고 변함없는 기개를 잘 드러내었다. 그 좋은 표현이 첫 연에서 '올곧고 굳건한 기개 하늘 찌르고/ 풍설 헤쳐 밑둥치 바위 부둥키고/ 푸르름 지킨다'가 그 좋은 예다. 여기에서 2연 소나무의 헌신과 높은 기개를 '바람결에 은은한 솔향기 백두대간/ 민족혼 일깨운다'와 3연 '찌들게 어렵던 시절/ 피거죽 속살 내주는 에인 상처 안고/ 끼니 베풀었지'는 눈물겨운 표현이다. 이 소나무를 빌어서 또한 그 정신을 확대하여 2연에서 보는 '민족혼', 3연에서 보는 '곤궁 시절의 은공' 등은 그의 높은 정신의 표현이기도 하다. 높은 경지까지 상승시켰다.

이렇게 사물을 대하는, 바라보는 눈은 남과 달랐다. 항상 밝게 온화하게 느껴져 생명이 넘쳐났다. 이러한 사상은 위에서 제시한 작품「소나무」의 끝 연에서도 잘 볼 수 있다. '기둥, 대들보, 서까래로 한옥 올리니/ 주검의 보시로다'가 그 사상의 압권이다.

이러한 긍정적인 삶, 밝은 눈으로 항상 평화로움을 추구했다. 가정도 그렇고 사회생활도 그러해서 사는 것이 즐거웠다.

> 콩콩이 쿵쿵이 태명 벗고
> 일성 터뜨리며 세상 첫 발 딛는다
> 두 복덩이 고추 달고 집안 큰 경사로다
>
> 신나서 팔 흔들고 쭉쭉 뻗는 발짓
> 방긋 웃고 옹알대며 재롱 떠는 모습
> 피로가 싹 가신다
>
> 민성이, 민준이 무럭무럭 자라
> 이 나라 짊어질 훌륭한 일꾼 되어라
>
> 외롭고 어려울 땐 어깨동무
> 이끌고 밀어주어 서로 큰 힘 되어라
>
> 지축을 박차고
> 오대양 육대주 뻗어가는
> 세계의 큰 재목 되어라
> ―「우리 쌍둥이」 전문

> 주춧돌에 튼튼한 기둥
> 반듯하게 세워준다

거센 풍파 막아주고
한풍에 군불 지핀다

풋내나는 냇물
바짓가랭이 젖던 청춘
깊은 강물되어
역사 도도히 흐른다

오랜 세월 깊은 정
용광로에 녹은
사랑의 붉은 눈물

몸과 맘 하나되어 샘솟는 힘
평생 한길
고락 나눌 버팀목이여

—「동반사」 전문

  이 두 작품에서도 따스함과 사랑을 느낀다.
  첫 작품에서는 쌍둥이의 귀여운 '콩콩이 쿵쿵이 태명 벗고/ 일성 터뜨리며 세상 첫 발 딛는다/ 두 복덩이 고추 달고 집안 큰 경사로다// 신나서 팔 흔들고 쭉쭉 뻗는 발짓/ 방긋 웃고 옹알대며 재롱 떠는 모습/ 피로가 싹 가신다'. 처음 태어났을 때의 모습을 있는 그대로를 그려 더욱 정감이 인다. 귀여운 쌍둥이를 보고 당부까지 하는 어른의 마음이 잘 나타나 있다. 쌍둥이 이름을 부르며 '무럭무럭 자라/ 이 나라 짊어질 훌륭한 일꾼 되어라'는 대목과 제일 끝에 가서 '지축을 박차고/ 오대양 육대주 뻗어가는/ 세계의 큰 재목 되어라'는 큰 사랑의 표현이다.

그다음 「동반자」에서도 동반자를 위한 사랑이 잘 나타나 있다. 동반자의 의미를 화자는 '오랜 세월 깊은 정/ 용광로에 녹은/ 사랑의 붉은 눈물'이라고 했다. 이런 정신으로 쓰여진 시의 특징은 모두가 밝고 건전하다. 생활 가운데 우울하거나 허망 된 시는 찾아볼 수 없다.

>
> 한적한 숲길
> 붉게 물든 단풍
>
> 고은 추억 불사르고
> 텅빈 마음 너울너울 춤사위
>
> 스산한 바람결
> 표연(飄然)히 흩날리는 떨잎
>
> 사각사각 밟히는 잎새마다
> 처절한 마음 녹여
> 새생명 밀알 꿈꾼다
>
> ―「낙엽이 갈 길」 전문

'낙엽'의 본 모습은 한때 좋은 그림 '한적한 숲길/ 붉게 물든 단풍'으로 나타나 있지만, 그것은 운명인 양 '고은 추억 불사르고/ 텅빈 마음 너울너울 춤사위'로 지상에 낙하한다. 이 시에서도 볼 수 있는 대로 다시 뜻을 살려 마지막 나라 '사각사각 밟히는 잎새마다/ 처절한 마음 녹여/ 새 생명 밀알 꿈꾼다'로 변신한다.

  이러한 의식은 그가 쓴 또 하나의 작품 「낙엽」에서도 꼭 같이 나타난다. 이 시의 하반부 '맥 없는 자유 서성이다/ 초췌해진 모습// 한몸 가루되어 새생명/ 이룰 수 있다면/ 영혼까지 바쳐 한 톨 흙이 되리라'에서 볼 수 있다. 앞의 시 제일 끝에 '새생명 밀알 꿈꾼다'와 뒤의 시에서 '영혼까지 바쳐 한 톨 흙이 되리라'는 같은 성격의 시다.

  또 일상생활을 벗어나 취미 삼아 오르는 등산 과정에서도 그의 굳은 인내와 긍정적인 사고를 발견할 수 있다. 「나의 산행」이란 시에서도 그것을 잘 볼 수 있다. '꽃향기 그득한 산/ 생동감 넘치는 숲과 흙의 내음/ 짝을 그리는 새소리, 우렁찬 폭포/ 여울 계곡의 시원한 합창/ 자연의 울림은 청아하다', '등정의 기쁨/ 첩첩 산봉우리, 머어언 시야/ 가슴이 뻥 뚫린다/ 번뇌가 가슴 타고 나리로 흐르는데/ 잠시 머무는 구름이구나' 산을 오르면서 겪는 어려움도 있었지만 그 후 다가오는 기쁨도 컸다는 것이다. 결국, 세상살이에서 겪는 번뇌도 잠시 머무는 구름과 같다고 했다. 이러한 삶이 결국 생활에서 밝은 것으로 나타난다.

4. 자연 친화와 밝은 시

  자연을 대하는 생활 거리는 크게 도시와 시골의 큰 차이를 이룬다. 김갑성 시인은 자연이 가득한 농촌 출신이기 때문에 그 감도가 다르다. 삭막한 도시 생활에서도 자연 속에서 새 활기를 찾으려고 하는 사람도 많다. 그의 시에는 여러 꽃이 등장한다. 관상용 차원을 넘어서서 꽃의 생태를 자세히 시로 표현하고 있었다.

이번 시집에서는 「국화」 「설중매」 「빨간 장미꽃」 「백목련」 「하얀 밥티꽃」 「능소화」 「금낭화」 등이 등장되고 있다. 그중 한 예로 「금낭화」를 들면 그 특성이 잘 나타나 있다.

> 산 속 바위 틈에
> 잎새 뚫고 나온 활대 줄기
> 담홍빛 비단 복주머니
> 주렁주렁 매달고 꿈을 켠다
>
> 진홍빛 하트 대롱대롱
> 사랑 흠뻑 되이어
> 비단결 치마폭에
> 하얀 고름 살짝 내미니
> 고아(高雅)하구나
>
> 구름다리 건너 선녀탕
> 붉으스레 연등 비추어
> 수비(水霏) 걷히면
> 꿈결 같은 선녀 보이려나
>
> ―「금낭화」 전문

극도로 압축된 시인데도 꽃의 특성을 잘 살려 그 모습을 잘 묘

사하고 있다. '산 속 바위 틈에/ 잎새 뚫고 나온 활대 줄기/ 담홍빛 비단 복주머니/ 주렁주렁 매달고 꿈을 켠다// 진홍빛 하트 대롱대롱/ 사랑 흠뻑 되이어/ 비단결 치마폭에/ 하얀 고름 살짝 내미니/ 고아하구나' 이 시 표현을 보더라도 온전히 그의 마음을 꽃 속에 숨겨 보다 넓은 마음 밝은 마음으로 살고자 함을 볼 수 있다.

또 「이름 모를 들꽃」에서도 그의 사상이 잘 나타나 있다.

    한갓진 곳 외로움 삼키는
    무심코 짓밟히는 아픔 삭이며
    부러진 상처 말없이 털고 선다

    된바람 언저리 녹은 눈물
    한모금 축이고
    햇볕 한 줌 갈아 마신 고동소리
    봄을 이고 기지개 켠다

    황량한 들판, 한적한 산속
    수수한 꿈 차려입은
    맵시 갸륵하구나

    무명이라 섭섭하지 말라
    찾는 이 없다 슬퍼하지도 마라
    세상이 못 챙겨도
    가는 세월 소맷자락 끄집는 이 있으니
                            -「이름 모를 들꽃」 전문

여기에서 볼 수 있듯이 단순한 정경의 꽃이 아니다. '된바람 언저리 녹은 눈물/ 한모금 축이고/ 햇볕 한 줌 갈아 마신 고동소리/ 봄을 이고 기지개 켠다// 황량한 들판, 한적한 산속/ 수수한 꿈 차려입은/ 맵시 갸륵하구나'에서 볼 수 있듯이 최고의 아름다움, 높은 향기를 드러내기 위하여 참고 견디며 피어나는 꽃의 의지를 노래하고 있다.

그의 또 다른 작품 「민들레」에서도 그의 따뜻한 마음의 시를 볼 수 있다.

몇 톨 흙, 틈새에 토담집 짓고
오순도순 살아요
짓밟으면 마음 아프지만
서까래 이어 끈질게 삽니다

마당에 톱 잎 깔고
형님 먼저 진노랑 샴페인 터뜨리면
아우 따라 축배 들지요

작지만 깜찍한 용모
그러모은 맑은 향기
촉촉한 화기에 정분도 나누지요

몸 분질러 하얀 젖 상처 쓰다듬고
젊게 살라 뿌리채 효심 베풀어요

덕을 덮고
씨앗 품고서 고향 떠나는 비장함
그 뉘와 견주리오

　　　　　　　　　　　　―「민들레」 전문

  이 시는 '민들레'의 삶을 의인법에 비유하여 재미있게 표현하고 있다. 마당 가에서 형님 아우 정답게 샴페인 터뜨린 모습이 재미있다. 3연 '작지만 깜찍한 용모/ 그러모은 맑은 향기/ 촉촉한 화기에 정분도 나누지요'와 4연 '몸 분질러 하얀 젖 상처 쓰다듬고/ 젊게 살라 뿌리채 효심 베풀어요'가 이 시의 절정이다. 이런 자연 사랑에서 그의 넉넉한 정신의 자유를 찾을 수 있다.

  이러한 자연 관조의 시는 계절의 바뀜 속에서도 많이 나타나고 있다. 일일이 다 헤아릴 수 없지만 계절을 노래한 시 가운데 「계절 속에 사람과 숲」 「연두빛 새싹」 「양재천 봄길」 「아차―용마산의 봄」 「봄기운」 「가을 단풍의 설움」 「가을 도봉산의 단상」 「가을선이」 「피아골 단풍」 「첫눈」 등에서도 큰 교훈을 배울 수 있다.

  특별히 이들 작품에서는 계절에 달라지는 그 형상을 예리한 감각으로 잘 묘사하고 있다.

5. 풍성한 감성과 다양한 詩

  그의 생활이 넓어짐에 따라 이에 따른 온갖 체험의 시도 썼다. 그의 풍성한 감성이 그의 시를 많이 낳게 했다. 다 열거할 수 없지만 몇 가지 본보기에서도 잘 볼 수 있다.

〔A〕 인연도 때가 되면 놓는구나

    푸른 꿈 덧없이 흘러
    울긋불긋 곱게 물들인 비단폭에
    고이 잠들고 싶은데

    서럽게 마음 비우고
    힘에 겨워 놓아버린 동아줄

    하염없이 흩날리는 잎새
    자연의 부름은 매정하구나

    맥없는 자유, 서성이다
    초췌해진 모습

    한 몸 가루되어 새 생명
    이룰 수 있다면
    영혼까지 바쳐 한 톨 흙이 되리라

    ―「낙엽」 전문

〔B〕 실오라기 한 올마저 버거워
    맨몸으로 한풍 초극한다

    풋풋한 마음 하늘 벗하고

바람 쉬어가는
정자나무 아래 촌부의 한담
엊그제인데

곱기 고운 마음씨
훨훨 날려 버리고
쓸쓸한 가지마다 달빛 차갑다

인연 다 벗어 던지고
외로움 씹는 고행
피거죽 마디마다 꿈을 틔운다

―「나목」 전문

〔C〕 오랜 세월 가슴속에
고히 묻어둔 사랑
인생 해거름에 만날 수 있다면
맨발로 뛰쳐나가 얼싸안고
괴인 눈물 봇물 터지리라

엇갈린 인생, 쌓인 그리움
세월에 묻혀
잊혀진듯 되살아남은 어인 일일까

마음 한 구석 새겨진 애련(愛戀)
울적할 땐

밤하늘 적시는 아림 도지고
아련한 추억 못내 아쉬워도
저녁 노을 강 건넌 후외다

제 길 가는 게 운명인가
손끝 떠나면 바람인 걸

—「만날 수 있다면」 전문

 〔A〕에서는 '낙엽'을 빌어 인생의 허무를 노래했다. '서럽게 마음 비우고/ 힘에 겨워 놓아버린 동아줄// 하염없이 흩날리는 잎새/ 자연의 부름은 매정하구나'가 그것을 잘 나타내고 있다.

 〔B〕의 경우는 겨울날 나뭇잎이 떨어져 헐벗은 나무의 모습을 노래한 시다. 어쩌면 좋은 세월을 다 보낸 인생의 쓸쓸한 모습을 은유로 표현한 것이다.

 〔C〕의 경우는 떠나간 사람을 그리워하는 사랑의 노래다. '오랜 세월 가슴속에/ 고이 묻어둔 사랑/ 인생 해거름에 만날 수 있다면/ 맨발로 뛰쳐나가 얼싸안고/ 괴인 눈물 봇물 터지리라'에서 볼 수 있듯이 떠나간 연인을 못 잊어하는 한(恨)을 잘 노래했다. 이런 시의 일환으로 「그리운 사람아」 「내 곁을 떠난 사람」도 사랑의 애틋함을 노래하고 있다.

 여러모로 김갑성 시인은 생활의 폭이 넓은 사람으로 인생을 성실하게 살아왔음이 보인다. 그의 시에는 「행복은 마음먹기」라는 시에도 나타나 있다시피 끝까지 진실한 마음 먼 날에 소망을 두고 잘 살아가고자 함이 보인다.

6. 좋은 표현과 알찬 구성

김갑성 시인이 빛남도 그의 시 수법이 남다르다는 점도 지적하고 싶다. 특별히 효과적인 표현 기술과 그 시의 겉모습인 형태가 알차다는 점에서도 그러하다. 우선 그의 시에서는 표현의 효과적인 수법이 잘 드러나 있었다.

담장 너머 누가 있어
줄기마다 새순 달고
주렁주렁 나팔 불며 마음 홀리는가

한여름 비 바람 더세도
초연(超然)히 울리는 팡파레

녹색 치마저고리
주황빛 나팔고름 매고 하늘거리며
그리움 토해내는 다소곳한 용모

오르다 몸져 누운
흐트러짐 없는 단심
오롯이 사무침만 질펀하네

─「능소화」전문

품은 뜻 가다듬고
임 향한 단심 북녘 그린다

된바람 뚫고 틔운 꿈
촉촉한 햇살 등진 목필

일필휘지 꿈을 휘두르듯
꽃봉오리 부시시
하얀 마음 자아낸다

가지마다 튼 봄향기
은은히 맴돌고
매무새 고아하니

꽃잎 바람에 날려
진토 될지언정
곧은 뜻 하늘에 새기리

―「백목련」 전문

　「능소화」에서 능소화의 살아있는 모습을 그려 1연에 '담장 너머 누가 있어/ 줄기마다 새순 달고/ 주렁주렁 나팔 불며 마음 홀리는가' 그것을 잘 그렸다. 사람으로 비유하여(의인법) 제3연에 '녹색 치마저고리/ 주황빛 나팔고름 매고 하늘거리며/ 그리움 토해내는 다소곳한 용모'에서도 아주 실감 나는 모습을 볼 수 있다. 그리고 능소화의 꽃말(정신)을 살려 꿋꿋함을 잘 나타내었다. '오르다 몸져 누운/ 흐트러짐 없는 단심/ 오롯이 사무침만 질펀하네'.
　다음 작품 「백목련」에서도 주제의식 '임 향한 단심'이 잘 나타났다. 그의 시 수법 가운데 또 하나가 시어의 구사다. 같은 말이라도 그 시 표현에 알맞은 말이 있고 그렇지 않은 말이 있다. 시인은 특별히 많은 말(보통 말) 가운데 그 시 표현에 알맞는 정서적인 말을 써야 한다. 앞에서 든 꽃의 노래에서도 그것의 세심한 관심을 베풀어 노래했음이 잘 드러나고 있다.

이러한 시 수법에서 그의 시가 잘 짜여져 있었다. 거의 대부분 시가 짧은 형태를 취하고 있었다. 시 한편에서 연(聯)을 따지더라도 불과 4, 5연, 행수로도 고작 15행 내외로 되어 있다. 이런 형태의 시를 봄으로 그의 시가 말에 대한 세심한 관심과 표현에 있어서 설명적인 것을 배제하고 압축미를 더했다는 것을 알 수 있었다.

이상으로 그의 시 세계를 살펴본 결과 그는 보통 시인이 아님이 감지되었다. 그것은 그의 시발점인 출생지 생활부터 남달랐다. 그가 학업 생활을 마치고 사회활동을 할 때도 그것이 드러나 그의 생활 언저리는 항상 풍성했고 밝았다.

그가 시작을 할 때도 그것이 고스란히 드러나 남에게 감동을 주는 시를 많이 썼다. 그가 오늘 시의 경지를 이룩함엔 무엇보다 그의 끈질긴 노력이 컸다. 그 시 수련 과정에서 그 나름의 시 수법도 잘 익혔다. 그의 시 수법 가운데 우수한 것 하나 표현 기법이었다. 하나의 표현을 위해서 온갖 정열을 다 쏟은 흔적이 각 작품에 잘 나타나 있었다.

앞으로도 더 정진하여 더 좋은 시 세계를 보여주시길 바란다.

김갑성 시집_ 밝은 마음 밝은 세상

초판 인쇄 | 2021년 8월 10일
초판 발행 | 2021년 8월 15일

지 은 이 | 김갑성
발 행 인 | 이광복
편집국장 | 김밝은

펴낸곳 | (사)한국문인협회 月刊文學 출판부
주소 | 서울시 양천구 목동서로 225 대한민국예술인센터 1017호
전화 | 02-744-8046~7
팩스 | 02-743-5174
이메일 | klwa95@hanmail.net
등록 | 2011년 3월 11일 제2011-000081호
ISBN 978-89-6138-461-2 03810

값 11,000원

잘못 만들어진 책은 바꾸어 드립니다.